66.

Du 25. Septembre 1719.

ORDONNANCE DU ROY,

Portant Reglement & Instruction aux Gouverneurs & Commandans des Provinces, Intendans & Ingenieurs de Sa Majesté, Concernant la Construction des Cazernes, qui doit estre faite dans les Vingt Generalitez du Royaume.

Du 25. Septembre 1719.

A PARIS,
DE L'IMPRIMERIE ROYALE.

M. DCCXIX.

Du 25. Septembre 1719.

ORDONNANCE DU ROY,

Portant Reglement & Instruction aux Gouverneurs & Commandans des Provinces, Intendans & Ingenieurs de Sa Majesté, Concernant la Construction des Cazernes, qui doit estre faite dans les Vingt Generalitez du Royaume.

Du 25. Septembre 1719.

DE PAR LE ROY.

SA MAJESTE' toûjours occupée à chercher les moyens de procurer du repos à ses Peuples, a fait plusieurs Reglemens dans la veüe de les soulager de toutes les charges des Gens de Guerre; Elle est parvenüe à oster les quartiers d'Hyver des Troupes dans le plat Pays, Et la forme de l'Imposition qui estoit purement

Militaire & fort onereuſe; Elle a ſupprimé les Etapes, la dêpenſe grande, ſuperfluë, pleine de malverſations, laquelle loin d'avoir procuré un ſoulagement aux Peuples, neceſſitoit l'habitation en commun de l'Hôte avec le Soldat, puiſqu'il eſtoit obligé de luy fournir tous les Uſtanciles de menage, de cuire les viandes, fournir le ſel, poivre, vinäigre, ſans ce qu'il exigeoit au-delà.

Pour ſuppléer à ces ſecours des Hôtes, Sa Majeſté a obligé ſes Troupes à porter avec elles leurs marmittes, a augmenté leur ſolde en Route, les fait camper l'Eſté; Et pour l'Hyver Elle a permis aux habitans de les mettre dans des maiſons vuides, en leur fourniſſant ſeulement le bois & la paille.

Mais comme cela ne peut s'executer qu'en fort peu d'endroits dans la plus grande partie, ne ſe trouvant pas aſſez d'habitations vuides, Et meſme dans celles où il y en a, ces maiſons ſont ſi mal diſpoſées pour loger des Troupes, l'achapt ou le loüage joint à l'entretien ſont d'une dêpenſe ſi grande que ces charges ne peuvent eſtre ſupportées que par des villes conſiderables, Enſorte que les lieux pauvres demeurent toûjours dans la ſouffrance, leſquels depuis long-temps ſupplient Sa Majeſté de vouloir bien les ſoulager en faiſant paſſer les Troupes par ailleurs, ou que ſi Elle ne le juge pas à propos, de vouloir bien ordonner que l'on baſtiſſe des Caſernes pour leſquelles ils contribûeront ſuivant leurs moyens, en les faiſant aider par ceux qui comme eux doivent ſupporter le Logement perſonnel des Gens de Guerre: Joint à ces raiſons, Sa Majeſté déja perſuadée de l'utilité des Caſernes par le ſoulagement que les Peuples de Languedoc en reçoivent depuis qu'elles y ſont eſtablies, que la Provence & le Dauphiné qui en ſont proches en ayant connu les avantages ont obtenu la permiſſion d'en faire baſtir à leurs frais, pluſieurs villes en ont fait de meſme & un plus grand nombre ſollicite journellement la meſme grace.

Quoyque toutes les raiſons cy-deſſus ſoient plus que ſuffiſantes

Du 25 Septembre 1719.

ſuffiſantes pour determiner Sa Majeſté à faire baſtir des Caſernes; Comme Elle eſt encore perſuadée que tant qu'il n'y aura pas de lieux fixes dans les Villes & Bourgs, ſoit de paſſages ou de Garniſons pour y loger les Troupes, jamais les Peuples ne ſeront certains & aſſurez que les charges cy-deſſus dont ils ſont aujourd'huy ſoulagez ne puiſſent un jour revenir.

C'eſt pourquoy Sa Majeſté voyant l'ordre ſe reſtablir dans ſes Finances, qu'Elle ſouſtient la preſente Guerre & remet ſur pied le meſme nombre de Troupes qu'Elle a trouvé à ſon avenement à la Couronne, ſans aucune nouvelle charge ſur les Peuples, Et par l'examen qu'Elle a fait faire à quoy pourroit monter la dêpenſe des Caſernes dans les Generalitez, Elle a trouvé qu'en ſe reduiſant à faire conſtruire des Baſtimens plus ſimples, mais auſſi commodes & ſolides que ceux que l'on a baſtis juſques aujourd'huy, que s'aidant des voitures du Pays pour le tranſport des matereaux, Elle pourroit de ſes propres fonds provenans des Generalitez, ſans aucune impoſition nouvelle, fournir tout l'argent neceſſaire pour un Eſtabliſſement auſſi grand & auſſi utile au repos des Peuples.

Sur ce fondement, SA MAJESTÉ, de l'avis de Monſieur le Duc d'Orleans Regent, a Ordonné & ordonne, que dans tous les lieux des Vingt Generalitez, deſtinez pour la couchée des Troupes, & qui ſeront marquez ſur la Carte qui ſera auſſi jointe à la preſente Inſtruction, il ſoit inceſſamment conſtruit un corps de Baſtiment en forme de Grange, dans les proportions ſuivantes.

Il aura hors œuvre trente-cinq Toiſes de longueur ſur quatorze Toiſes de largeur; Les murs de bonne maçonnerie ſeront de dix-ſept pieds hors des fondations, & de deux pieds d'épaiſſeur.

A chacune des extremitez de ce Bâtiment hors œuvre, il y aura un maſſif de maçonnerie de figure ronde de quinze pieds de diametre servant d'atre; La place pour faire le feu sera dans le milieu, & autour de l'âtre il y aura des bancs de maçonnerie élevez par degrez pour contenir jusqu'à cent quatre-vingt hommes assis, lesquels bancs seront par gradins, dont le premier sera de deux pieds de distance & de dix-huit pouces de hauteur & deux pieds de largeur, & mesme proportion pour les deux autres, Et au-dessus du dernier sera élevé un mur de quatre pieds où partira la naissance de la calotte.

Il y aura quatre barres de fer aux extremitez de la circonference, scellez dans l'atre & à la voute, ausquelles sera posé deux barres arrondies traversant l'âtre dans son diametre, dans lesquelles sera passé trente à quarante crochets à chacune, pour porter & acrocher les marmittes.

Il y aura dans le corps du bastiment deux murs de refant paralelles, au moyen desquels il sera divisé en trois parties, dans chacune desquelles on pourra placer deux rangs de chevaux, de maniere qu'on pourra y en loger trois cens vingt sur six rangs espacez de trois pieds.

Au dessus de chacun des six rangs de chevaux à onze pieds du Rez-de-chaussée, il sera construit des Entresolles de dix pieds de largeur, soûtenües par des poteaux de bois de chesne & garnis de gardefoux à hauteur d'appuy pour coucher les Cavaliers, où il sera observé à six pieds du mur un Parapet de charpente de six pouces d'épaisseur sur douze de hauteur, porté par des poteaux de six pouces d'épaisseur, espacez de six pieds sur toute la longueur des Entresolles; Il sera observé qu'au dessus des Entresolles il y ait sept pieds sous les fermes, ce qui n'arrivera qu'aux endroits où la pierre sera rare & les bois communs, Et aux endroits où les murs de refant monteront jusqu'au festre, six pieds sur l'entablement suffiront.

En dehors du Bastiment aux deux extremitez, il y aura des logemens appuyez contre le mur, dont l'un

(Du 25. Septembre 1719.

ſervira de Corps de Garde, & les autres de Logement aux Troupes.

Ce Corps de Baſtiment contiendra un Regiment de Cavalerie de deux Eſcadrons, ſur le pied de cent ſoixante Maiſtres par Eſcadron; A l'égard de l'Infanterie deux Bataillons pourront y avoir le couvert.

Lorſque dans des cas extraordinaires il ſe trouvera en meſme temps un Regiment de Cavalerie & un Bataillon dans les lieux où ces Baſtimens ſeront conſtruits, la Cavalerie occupera le bas, mais les Entreſolles, Corps de Garde & Baſtiment des angles ſeront deſtinez pour l'Infanterie.

Dans les Villes deſtinées pour le ſéjour des Troupes, comme il s'y trouve ſouvent un Bataillon & un Regiment de Cavalerie en meſme temps, outre le Corps de Baſtiment en forme de Grange, tel qu'il eſt cy-deſſus ſpecifié, il en ſera conſtruit un autre pour loger l'Infanterie; Ce Baſtiment ſera composé de deux Pavillons de quarante-ſix Toiſes & demy de longueur chacun ſur neuf de largeur, Et diſtribué en neuf Chambres, dont deux ſuffiront pour le Logement d'une Compagnie.

Chaque Chambre aura dix Toiſes de long ſur quatre toiſes un pied de large; Il y aura deux cheminées & dix-huit lits maſſifs de maçonnerie le long des murs à un pied & demy de diſtance l'un de l'autre, conſtruits de maniere qu'ils ayent un pied d'élevation au-deſſus du Terre-plein & ſuperficie de l'air dudit Baſtiment, Et de quatre pieds & demy de large ſur ſix de long, pour y placer un lit.

Dans le milieu de chaque Chambre il y aura deux Tables, autour deſquelles auſſi bien que des cheminées il y aura des bancs de maçonnerie.

Le Terre-plein du Baſtiment ſera élevé d'un pied & demy du Rez-de-chauſſée, & les murs ſeront de douze pieds de haut ſur deux d'épaiſſeur.

Entre les deux Pavillons il y aura une ruë de vingt

pieds de large, Et le tout ſera clos & fermé par une Enceinte de muraille de dix pieds de hauteur, qui environnera leſdits Pavillons à trente pieds de diſtance de tous les coſtez quand le terrein le permettra.

Le long de cette muraille il ſera placé un Corps de Garde, des Logemens & Latrines, le tout conformement aux plans, profils, élevations & devis joints au preſent Reglement.

Le Baſtiment en forme de Grange, & celuy à deux Pavillons avec des murs d'Enceinte ont eſté ainſi ordonnez pour maintenir les Troupes dans l'ordre & la diſcipline, & que l'Officier ſoit en eſtat d'en repondre, Joint que cette maniere de Caſerner diminue le nombre des feux, des lumieres & des Gardes. Sa Majeſté a fait marquer ſur des Cartes generales & particulieres tous les lieux où il eſt neceſſaire de faire baſtir un Corps de Caſernes, & ceux où il en faudra un plus grand nombre; Et par l'examen qu'Elle a fait faire du nombre de Parroiſſes dont les Generalitez ſont compoſées, afin de partager le plus également qu'il ſera poſſible les Voitures pour leſdites conſtructions, Elle a trouvé qu'on pouvoit en general aſſigner quarante-cinq Parroiſſes pour fournir les Voitures neceſſaires à la conſtruction deſdits Baſtimens, les Villes & Bourgs comptées pour une ſeule, Et que dans les Pays qui par leur ſituation ſont plus expoſez au paſſage des Troupes & où il faut par conſequent un plus grand nombre de Baſtimens, il y aura cependant trente-cinq ou quarante Parroiſſes deſtinées pour faire les Voitures.

Le nombre des Lieux marquez pour la couchée des Troupes dans la Generalité de Paris eſt de trente-ſix, dans vingt-ſix deſquels il doit eſtre conſtruit ſeulement un Baſtiment en forme de Grange, Et dans les dix autres où les paſſages ſont plus frequens, & où les Troupes ſe joignent dans les ſéjours, Il doit eſtre conſtruit un Corps de Caſerne outre ladite Grange, ce qui fait en tout quarante-ſix quarante-six Corps de Granges ou de Casernes, lesquels estant reparties sur deux mille cent soixante-huit Parroisses dont ladite Generalité est composée, il y aura quarante-sept Parroisses destinées pour chaque Corps de Casernes en forme de Grange, & quatre-vingt-quatorze pour les lieux où il faudra outre ladite Grange un autre Corps de Casernes.

Suivant les prix des marchez ordinaires de ladite Generalité, chacun desdits Bastimens reviendroit à la somme de Trente mille livres ou environ, En payant les matereaux, voitures & mains-d'œuvre suivant le devis cy-joint, par lequel il paroit que les pierres & sable qui se trouvent communement aux environs des lieux, joint au transport des matereaux, vont à la moitié de la dêpense.

Il sera pour cet effet incessamment envoyé dans chaque Generalité des Ingenieurs de Sa Majesté, avec une Carte particuliere où les Routes & Lieux destinez pour y bastir des Casernes seront marquez, afin qu'ils examinent la nature & la disposition du Terrein, & qu'ils fassent leur arrangement pour la conduite des Travaux.

Les Ingenieurs destinez pour la Generalité de Paris, qui servira d'exemple pour les autres, iront avec l'Intendant dans tous les lieux destinez pour y bastir des Casernes; l'Intendant fera la repartition des quarante-sept Parroisses qui devront contribuer à fournir des Voitures, observant de les distribuer de maniere, que celle en laquelle on devra bastir soit à peu prés dans le centre.

L'Intendant fera avertir à l'avance les Maires des quarante-sept Paroisses, de se trouver à jour nommé au lieu destiné pour y bastir, & d'y mener avec eux les meilleurs ouvriers de leurs Parroisses qui travaillent en Bastimens, avec quelques Architectes du Pays que l'on y fera trouver pour estre instruits par eux des matereaux qui sont dans le Pays, du prix & de l'éloignement, Et en mesme temps faire le marché pour la main-d'œuvre des Casernes, en fournissant aux ouvriers tous les matereaux sur les lieux, Et ce en détail sans aucun Entrepreneur General, afin que cet ouvrage soit fait au meilleur marché & avec la plus grande œconomie qu'il sera possible.

Les Ouvriers des Parroisses seront obligez de travailler aux Casernes par preference à tous autres Bastimens, puisqu'ils seront payez suivant le prix courant du Pays.

L'Intendant & l'Ingenieur regleront la quantité de Toises de pierre, ainsi que la quantité de sable que chacun desdits Villages sera tenu de ramasser & de voiturer à l'endroit de la construction; Observant que le sable se trouve sur les lieux & les pierres en plusieurs endroits; Que ces transports doivent estre donnez aux Villages les plus prés, pour qu'ils puissent faire plusieurs voyages en un jour, les autres Villages seront chargez des transports les plus éloignez, Et le nombre de Voitures qu'ils devront fournir sera reglé à proportion de leur éloignement, de maniere qu'ils ne soient pas plus chargez que les Villages voisins.

Comme l'Hyver est le temps où les Gens de la Campagne sont les moins occupez, Ils l'employeront à ramasser, tirer les pierres & les voiturer sur les lieux qui leur auront esté indiquez, à commencer depuis les Semences jusques aux Mars.

On travaillera pendant l'Hyver, autant qu'il sera possible, aux transports des matereaux, à la foüille des terres, soit pour les fondations ou pour des Puits où il en sera necessaire, à la coupe & aux façons des bois.

L'Intendant & les Ingenieurs examineront les endroits d'où l'on pourra tirer les bois necessaires pour la charpente & la menuiserie, en regleront le prix suivant celuy du Pays, Et lorsque les Voituriers les iront prendre dans les Bois, il leur sera donné une lettre de Voiture qui portera la quantité & la qualité du bois qu'ils auront chargé, Et ensuite remettront ladite lettre de

Voiture à la personne chargée de les recevoir, lequel la retirera & leur en donnera un reçeu.

Les Communautez Religieuses, Seculieres & Regulieres, qui auront des bois à portée des lieux où l'on bastira des Casernes, pourront en vendre pour cet usage, aussi bien que les lieux où il y a des Communes.

Il sera remis par l'ordre de l'Intendant entre les mains des Maires des lieux où l'on bastira & des Ingenieurs, l'Estat de ce que chaque Village devra fournir ou voiturer, & du temps fixé pour lesdites fournitures & voitures, Et ceux qui feront les voitures seront tenus de prendre desdits Maires une reconnoissance des quantitez qu'ils auront voituré, lesquelles quantitez seront reçeües & gardées par compte par les habitans du lieu pour lequel elles seront destinées, Et remplacées par eux en cas de perte.

Lesdits Maires & Echevins tiendront Registre de ceux qui viendront faire leur tâche au temps prescrit, & de ceux qui y auront manqué, afin d'agir contre les derniers ainsi qu'il appartiendra, Ils donneront aussi les hommes necessaires pour envoyer dans les Villages porter les ordres, & un nombre suffisant de piqueurs sur le travail.

Les habitans des lieux feront aussi à leur commodité la foüille des terres & l'arrangement des matereaux, en la maniere prescrite par l'Ingenieur.

Lorsque la demeure de ceux qui feront les voitures des matereaux, mesme les Ouvriers qui travailleront aux Casernes, sera à plus d'une lieuë de l'endroit où l'on bastira, ils seront logez par Billets chez les habitans, Et auront place au feu & à la chandelle de l'hoste; A l'égard des chevaux ils auront aussi le couvert, mais les Voituriers seront obligez d'apporter le fourage necessaire pour les nourrir, & de s'en pourvoir d'ailleurs.

Comme la force des Parroisses n'est pas égale; Que les matereaux sont rares dans des endroits, & communs dans d'autres; Qu'enfin les Rivieres & la nature des chemins rendent les tranſports aiſez ou difficiles, l'Intendant avec l'Ingenieur pourront, dans tous ces cas, augmenter ou diminuer le nombre des Paroiſſes deſtinées pour contribuer aux voitures de chaque conſtruction, ſans s'arreſter au nombre de quarante-ſept, afin que le travail ſoit en general égaliſé autant qu'il ſera poſſible.

Les Ingenieurs iront ſur les lieux examiner les matereaux, pour qu'il n'en ſoit voituré que de qualité convenable pour un ouvrage ſolide, Et auront une attention ſuivie à ce que la main-d'œuvre ſoit bien mênagée & que le mortier & les matereaux ſoient bien préparez.

La meſme œconomie cy-deſſus preſcrite pour les Granges, ſera obſervée pour les Corps de Caſernes; La ſeule difference eſt que dans ce dernier Baſtiment il y aura plus de Toiſes de maçonnerie, Et qu'il faudra par conſequent plus de Voitures & un plus grand nombre de Parroiſſes pour y contribuer; Le Devis Joint à la preſente Inſtruction en fixe à peu prés la dêpenſe.

Les Villes & Lieux où leſdits Baſtimens ſeront conſtruits, fourniront à leurs dêpens le Terrein neceſſaire pour l'Emplacement, lequel ſera choiſi dans l'Enceinte des Villes fermées, à moins que cela ne ſe puiſſe ſans un trop grand préjudice, afin que les Officiers ne ſoient pas ſeparez de leur Troupe; L'Ingenieur aura attention que ce Terrein ſoit ſec en tout temps, à portée de l'eau, d'accés facile, iſolé autant qu'il ſera poſſible, & diſpoſé de maniere qu'on puiſſe y entrer par les deux extremitez.

Comme le bien public doit prévaloir au particulier, on choiſira le Terrein le plus commode pour leſdits Baſtimens, ſauf à eſtre pourveû au dedommagement.

Dans les lieux deſtinez pour y baſtir pluſieurs Corps de Caſernes, Elles pourront, s'il convient, eſtre placées dans des Terreins ſeparez.

Le nombre des lieux deſtinez pour des Caſernes dans les Generalitez, tant pour les Troupes de paſſage que pour

Du 25. Septembre 1719

pour celles de Garnison, est de quatre cens quatre-vingt-seize, du nombre desquelles il y en aura trois cens soixante-treize où il n'y aura qu'un Bastiment en forme de Grange, Et dans les cens vingt-trois restans, dans chaque endroit deux Corps de Casernes, & mesme dans quelques-uns jusqu'à trois & quatre, cette quantité estant necessaire dans les grandes villes situées sur les croisées de plusieurs chemins.

Pour diminuer autant qu'il se pourra la dêpense de la fourniture des Lits, Sa Majesté se propose de ne faire fournir toute l'année que de la paille, du bois & de la chandelle aux Troupes qui coucheront ou séjourneront dans les trois cens soixante-treize endroits où il n'y aura qu'un seul Bastiment en forme de Grange, Et dans les cens vingt-trois endroits où il y aura outre ledit Bastiment des Pavillons, les Troupes de passage n'y auront aussi dans les six mois d'Esté que de la paille, le bois & la chandelle, à moins que dans des cas de sejour il ne fût ordonné sur la Route de fournir des Lits.

Pendant les six mois d'Hyver il y sera fourni aux Troupes de passage des Lits composez d'une paillasse; d'un matelas, d'un traversin & d'une couverture, Et quand elles sejourneront plusieurs jours on leur donnera aussi des draps, à raison de trois cens lits pour un Bataillon depuis six cens hommes jusques à huit cens, Et à cet effet les Lits pour les coucher seront plus larges qu'il n'est porté par l'Ordonnance du 25. Octobre 1716. afin que les Soldats puissent y coucher trois.

La Cavalerie & l'Infanterie occuperont également les Lits & les Casernes quand elles seront ensemble ou separement, Sa Majesté se reservant de donner ses ordres pour qu'il ne se trouve jamais dans un endroit un plus grand nombre de Troupes que celles qui pourront y loger.

Dans cette vüe, l'Intention de Sa Majesté est que par proportion aux places qui seront preparées sur les maſſifs de maçonnerie deſtinez pour y mettre les Lits; les matelas ſoient de ſix pieds de long ſur quatre & demy de large, & faits de bonne laine, bien cardée & couverts de Toile leſſivée ; que le traverſin ſoit de meſme Toile, de meſme laine & de meſme largeur ayant trois pieds de tour, & que le matelas & le traverſin peſent enſemble quarante livres, non compris la Toile.

La couverture ſera de laine blanche de neuf pieds de long ſur huit de large, la paire de draps de Toile demie blanche, Et chaque drap de meſme longueur & largeur que la couverture, le tout meſure de Roy.

Les draps ſeront renouvellez l'Hyver tous les mois, & l'Eſté de quinze jours en quinze jours.

Sa Majeſté a fait dreſſer une Carte de chaque Generalité, ſur laquelle les Routes & les lieux deſtinez pour la couchée des Troupes ſont marquez, Et les Ingenieurs auſquels elle ſera remiſe, parcoureront toutes leſdites Routes pour examiner ſi la poſition des lieux par où elles paſſent ſe rapporte à celle qui eſt deſignée par la Carte; ſi elles ſuivent le chemin le plus droit; ſi les journées ſont trop grandes ou trop petites, & ſi les chemins ſont praticables en tout temps, Et marqueront les endroits où il ſera neceſſaire de faire travailler.

Les journées de marche doivent eſtre communement de cinq à ſix lieües de deux mille cinq cens Toiſes chacune, rarement de quatre, à moins que ce ne ſoit en Pays de montagne & difficile, encore plus rarement de ſept, jamais de huit; Et en cas que deux endroits de la Route ſe trouvaſſent dans cet éloignement, les Ingenieurs choiſiront un lieu à moitié chemin de cette diſtance, ou à cinq lieuës loin d'un deſdits endroits & à trois lieuës de l'autre, ſuivant que le Terrein ſe trouvera plus commode pour y baſtir des Caſernes, ſans que la difficulté de trouver des lieux aſſez conſiderables pour loger les Officiers à portée deſdites Caſernes, puiſſe eſtre un obstacle à ce choix, parce que durant la Guerre ils portent leurs Lits & leurs Equipages avec eux, Et qu'en Temps de Paix ils trouveront place dans lesdites Casernes, qu'ils y pourront vivre au moyen de leurs Cantines comme à l'Armée, Et qu'ils trouveront à portée desdites Casernes, le bois, la paille & le fourage dont ils pourront avoir besoin, mais cela ne peut arriver que tres rarement.

Suivant ces principes, les Ingenieurs envoyeront à Sa Majesté une Copie de ladite Carte, aprés y avoir rectifié les Routes anciennes, & marqué les nouvelles qu'ils croiront necessaires d'establir, Et ils joindront à cette Carte un Memoire détaillé des changemens proposez & des raisons sur lesquelles ils seront fondez.

Comme chaque endroit destiné pour lesdites Constructions doit estre aidé par un nombre fixe de Villes, Bourgs ou Villages qui en soient à portée, lesquelles fourniront aisément les voitures necessaires pour des Bastimens aussi simples & aussi peu élevez; que les voitures qui serviront pour un Canton ne pourroient pas servir utilement pour un autre qui seroit éloigné, Sa Majesté estime qu'il n'y aura pas plus de peine ni plus de dépense à les faire tous en mesme temps, que successivement d'année en année, Et qu'on ne peut trop accelerer un Establissement d'où depend en partie la tranquillité des Peuples; C'est pourquoy son Intention est que pour cette année dans les quatre cens quatre-vingt-seize endroits il y soit fait un Bastiment en forme de Grange pour les Troupes de passage; Et à l'égard des Casernes à Pavillons, elles se feront l'année suivante.

Sa Majesté desire par ces motifs que les Intendans & Ingenieurs dans la Tournée qu'ils feront, reglent le nombre de voitures & de pierres que chaque Village devra fournir; fassent les marchez pour l'achat de tous les matereaux necessaires & pour la main-d'œuvre, suivant lesquels ils feront l'estimation de l'argent qui sera necessaire pour la Conſtruction de chaque Baſtiment ; Et Sa Majeſté fera avancer celuy qui ſera neceſſaire.

Ils ordonneront de commencer, ſans perdre de temps, à faire tous les tranſports des matereaux & pour tous les autres ouvrages auſquels cette ſaiſon permettra de travailler ; Enſorte qu'au commencement du Printemps tous les Ouvriers avec leſquels on aura convenu, puiſſent ſe rendre à jour marqué, & tout autre ouvrage ceſſant, ſur le lieu qui leur aura eſté deſigné, pour y travailler ſans diſcontinuer à la maçonnerie, laquelle eſtant achevée on preſſera la charpente & la couverture, afin que tout le Baſtiment ſeché par les chaleurs de l'Eſté, ſoit en eſtat de recevoir des Troupes l'Hyver ſuivant.

L'Intention de Sa Majeſté eſt que les voitures & corvées ne puiſſent eſtre converties en argent, ſous quelque pretexte que ce puiſſe eſtre, ſur peine de chaſtiment exemplaire.

Le prix des matereaux & de la main-d'œuvre, portez par les Devis joints à la preſente Inſtruction, ont eſté reglez ſuivant ce qui ſe pratique dans la Generalité de Paris ; Mais comme la qualité des matereaux & les prix peuvent varier d'une Province à l'autre, les Intendans & Ingenieurs ſe conformeront aux uſages des lieux pour les Projets, Memoires & Devis qu'ils envoyeront à Sa Majeſté, les Ingenieurs obſervant de choiſir dans leſdits matereaux ceux qui ſeront les plus convenables pour un Baſtiment ſolide, ſans pouvoir jamais ſe ſervir de paille pour la couverture.

Sa Majeſté par ſes Reglemens des 25. Octobre 1716. & 15. Avril 1718. auroit ordonné que dans les Generalitez, le bois & la paille qui ſeroient fournis aux Troupes dans leur paſſage & le logement des Officiers, les lieux qui les auroient logez en ſeroient payez par la Generalité, auſſi bien que du logement des Officiers dans ceux où elles ſeroient miſes en Garniſon ; Sa Majeſté en les confirmant, autant que beſoin ſeroit, Veut

&

Du 25. Septembre 1719.

& Entend que dés que les Casernes pour le passage des Troupes dans les Routes seront basties, ses Troupes ayent à y loger, Et que de ce jour le bois & la paille qui leur seront fournis, aussi bien que le logement des Officiers, soient payez sur les fonds de la Generalité; que pareillement dans ceux où elles seront mises en Garnison dés que les Casernes seront aussi establies, Ordonne que ses Troupes y soient logées, sans que les habitans soient obligez de leur fournir aucuns Ustanciles de menage, ni bois, ni chandelles, estant obligez de s'en fournir sur l'augmentation de paye que Sa Majesté leur a donné; Et à l'égard des Officiers, les habitans qui les auront logez en seront payez conformement à l'Article VII. du Reglement du 25. Octobre 1716. si mieux n'aime l'Officier recevoir l'argent pour se loger.

Pour que l'argent destiné pour les logemens puisse estre toûjours payé comptant sans pouvoir estre diverti pour aucun autre usage, Sa Majesté Ordonnera que conformement à l'Article XXVI. du Reglement du 25. Octobre 1716. l'argent destiné pour cet usage sera reçeû par les Receveurs des Tailles, & remis au Commis de la Recette Generale, qui payera les dêpenses des logemens suivant les Reveües des Commissaires des Guerres & Estats arrestez par les Intendans, du moment qu'ils luy seront remis par les Communautez qui auront logé les Troupes, si mieux n'aiment lesdites Communautez le donner à l'acquit de leur Taille ou autre imposition que le Commis de la Recette Generale recevra pour comptant, à quoy il sera authorisé par l'Arrest qui sera rendu à ce sujet.

Les deux Articles cy-dessus n'auront pas lieu pour ceux exceptez par l'Article XXII. du Reglement du 25. Octobre 1716.

Toutes les Casernes & autres Bastimens destinez pour le logement des Troupes seront à Sa Majesté; Et afin que le temps ne détruise point un Establissement aussi utile au repos des Peuples & à la discipline Militaire, Il sera fait des marchez dans chaque Generalité pour leur entretien pendant plusieurs années.

Au surplus Sa Majesté se remet, pour ce qui pourroit manquer à ce détail, aux Instructions plus particulieres & plus détaillées qui seront envoyées aux Intendans & Ingenieurs ausquels Sa Majesté recommande la diligence.

Sa Majesté a commis le S.r Marquis de Puysegur Lieutenant General de ses Armées, pour la Conduite & Direction de tout ce qui regarde l'Establissement des Casernes & Logement de Gens de Guerre dans le Royaume, auquel les Commandans des Provinces, Intendans & Commissaires departis s'adresseront pour rendre compte du tout à Sa Majesté, & leur faire sçavoir ensuite sa volonté.

MANDE & Ordonne Sa Majesté aux Gouverneurs & à ses Lieutenans Generaux en ses Provinces, Gouverneurs de ses Villes & Places, aux Intendans en sesdites Provinces, aux Directeurs & Inspecteurs Generaux sur ses Troupes, aux Commissaires de ses Guerres, & à tous autres ses Officiers qu'il appartiendra, de tenir la main à l'Execution de la presente. FAIT à Paris le vingt-cinquiéme jour de Septembre mil sept cens dix-neuf. *Signé* LOUIS. *Et plus bas*, LE BLANC.

Du 25 Septembre 1719.

19

ESTAT du Nom des Lieux où il faut Establir des Casernes, divisez par Generalitez.

Generalité de Paris.

	Nombre des Casernes.		Nombre des Casernes.
Claye.	1	Chastre.	1
Meaux.	2	Estempes.	2
La Ferté-sous Joüars.	1	Milly.	1
Louvre.	1	Cheroy.	1
Senlis.	1	Brie Comte Robert.	1
Compiegne.	2	Rozoy.	1
Luzarche.	1	Provins.	2
Pont Sainte Mexence.	1	Nogent-sur Seyne.	1
Saint-Denis.	1	Chaumes.	1
Beaumont	1	Dammartin.	1
Beauvais.	2	Coulommiers.	1
Pontoise.	1	Saint Florentin.	1
Mantes.	2	Ausson.	1
Corbeil.	1	Houdan.	1
Melun.	2	Dreux.	2
Sens.	2	Saint Clair.	1
Joigny.	1	Monfort Lamaury.	1
Nemours.	2		

Generalité d'Amiens.

	Nombre des Casernes.		Nombre des Casernes.
Ayraine.	1	Roye.	1
Poix.	1	Montdidier.	1
Granvilliers.	1	Corbie.	1
Oysemont.	1	Bray-sur Somme.	1
Conty.	1	Encre.	1
Breteüil.	1	L'Etoile.	1
Moreuil.	1	Ruë.	1

E ij

	Nombre des Caſernes.		Nombre des Caſernes.
Abbeville.	2	Montreüil.	2
Amiens.	2	Neuchaſtel.	1
Peronne.	2	Boulogne.	2
Saint Quentin.	2	Marquiſe	1
Doullens.	2	Auxy-Le Chau.	1

Generalité de Soiſſons.

	Nombre des Caſernes.		Nombre des Caſernes.
Guiſe.	2	Gournay-ſur Aronde.	1
Marle.	1	Noyon.	2
Laon.	2	La Fere.	2
Soiſſons.	2	Crane.	1
La Ferté Milon.	1	Creſſy-ſur Sere.	1
Ribemont.	1	Ham.	2
Montcornet.	1	Coucy.	1
Vervins.	1	Chauni.	1
Aubenton.	1	Chaſteau-Thierry.	2
La Capelle.	1	Ouchy.	1
Clermont.	1	Attichy.	1
Creſpy en Valois.	1		

Generalité de Chaalons.

	Nombre des Caſernes.		Nombre des Caſernes.
Aubigny.	1	Pontfavergé.	1
Signy l'Abbaye.	1	Sainte Menehould.	2
Rethel.	2	Suippe.	1
Mouzon.	2	Clermont.	1
Boul.	1	Sezanne.	2
Reims.	4	Vendeuvre.	1
Eſpernay.	2	Barſuraube.	2
Vertus.	1	Sommevoir.	1
Fere Champenoiſe.	1	Jonnille.	2
Plancy.	1	Bonnet.	1
Mery-ſur Seine.	1	Vaucouleurs.	1
Troyes.	3	Grand-Mourmeleon.	1
Villemort.	1	Chaalons.	4
Fiſmes.	1	Vitry-le François.	2

Du 25. 7bre 1719.

	Nombre des Casernes.		Nombre des Casernes.
Montirandel.	1	Chesne Pouilleux.	1
Saint Dizier.	1	Launoy.	1
Vignoris.	1	Precigny.	1
Chaumont.	2	La Ferté-suraube.	1
Langres.	2	Arcis-sur Aube.	1
Momsaugeon.	1	Sommepuy.	1
Dormans.	1	Baise.	1
Courtizoux.	1		

Generalité d'Orleans.

	Nombre des Casernes.		Nombre des Casernes.
Bloys.	2	Vitry.	1
Marchenoir.	1	Loris.	1
Chasteaudun.	2	Artenay.	1
Illiers.	1	Pluviers.	2
Chartres.	3	Angerville sa Gaste.	1
Montargis.	2	Pierrefitte.	1
Gyen.	1	Montoire.	1
Bony.	1	Vendosme.	2
Cosne.	1	Varsy.	1
Ville Franche.	1	Tannay.	1
Remorentin.	2	Sainte Arnould.	1
Chaumont.	1	Auneau.	1
Orleans.	4	Peronville.	1
Pattay.	1	Courtalin.	1
Voves.	1		

Generalité de Bourges.

	Nombre des Casernes.		Nombre des Casernes.
Bourges.	2	Aubigny.	1
Issoudun.	2	La Chapelle d'Anguillon.	1
Chasteauroux.	1	Concressault.	1
Argenton.	1	Boisbellé.	1
Saint Benoist du Saut.	1	Meun sur Yevre.	1
Brecy.	1	Vierzon.	2
La Charité.	2	Celles en Berry.	1
Dun-le Roy.	1	Saint Savin.	1
Aynay le Chatel.	1	Le Blanc en Berry.	1
Cerilly.	1		

Generalité de Moulins.

	Nombre des Casernes.		Nombre des Casernes.
Moulins.	3	Cuffet.	1
Igrande.	1	Luzy.	1
Monluçon.	2	Saint Pierre le Mouftier.	1
Gouzon.	1	Nevers.	2
Gueret.	1	Feüilletin.	1
Saint Pourfain.	1	Mommarault.	1
Gannat.	2	Montet auxmoines.	1
Varennes.	1	Dezize.	1

Generalité de Riom.

	Nombre des Casernes.		Nombre des Casernes.
Giat.	1	Aurillac.	2
Gelles.	1	Thiefat.	1
Clermont.	2	Murât.	1
Iffoire.	1	Maffiac.	1
Saint Flour.	2	Brioude.	2
Chaudes Aygues.	1	Billom.	1
Langeac.	1	Riom.	2
La Chaife-dieu.	1	Crofpieres.	1
Maours.	1	Alanches.	1
Saint Mamet.	1	Bleffe.	1

Generalité de Lyon.

	Nombre des Casernes.		Nombre des Casernes.
Lyon.	4	Tarare.	1
Ville Franche.	1	La Breffe.	1
Bas & Baffet.	1	Noireftable.	1
Saint Eftienne de Furens.	2	Boën.	1
Rives de Giez.	1	Foeurs.	1
Saint Aon.	1	S.t Saphorin le Chafteau.	1
Reignie.	1		

(Du 25. Septembre 1719)

Generalité de Grenoble.

	Nombre des Casernes.		Nombre des Casernes.
Grenoble.	2	Veynes.	1
Saint Romans d'Albon.	1	Chorges.	1
Creſt.	1	Serre.	1
Dye.	1	Laraigne.	1
La Coſte Saint André.	1	Guilleſtre.	1
Vorepe.	1	Saint Marcelin.	1
Vizille.	1	Romans.	2
La Mure.	1	Valence.	2
Corps.	1	Lauriol.	1
Saint Laurent du Crocq.	1	Montelimart.	2
Crolles.	1	Gap.	2
Leſches.	1		

Generalité de Montauban.

	Nombre des Casernes.		Nombre des Casernes.
Montauban.	3	Rodez.	2
Molieres.	1	Segur.	1
Cahors.	2	Milhault.	2
Degagnac.	1	Nants.	1
Soüillac.	1	Marcillac.	1
Moiſſac.	1	Figeac.	1
Saint Circq.	1	Moncucq.	1
Cajarc.	1	Durevel.	1
Villefranche de Roüergue.	2	Eſpalions.	1
Cauſſade.	1	La Guyolle.	1
Saint Antonin.	1	Roquette de Bonneval.	1
Reignac.	1		

Generalité d'Auch.

	Nombre des Caſernes.		Nombre des Caſernes.
Port de Lannes.	1	Saint Sever.	2
Dax.	2	Aire.	1
Tartas.	1	Nogaro.	1
Mont de Marſan.	2	Vicfayenſac.	1
Roquefort de Marſan.	1	Auch.	2

	Nombre des Casernes.		Nombre des Casernes.
Gimont.	1	Saumont.	1
Lisle en Jourdain.	1	Mirande.	1
Muret.	2	Tries.	1
Fleurance.	1	Tarbes.	1
Leytour.	2	Bagnieres.	1
Brassempoy.	1		

Generalité de Bordeaux.

	Nombre des Casernes		Nombre des Casernes.
Sarlat.	2	La Rochechalais.	1
Salagnac.	1	Domme.	1
Bergerac.	2	Villefranche de Perigord.	2
Bruc de Grignols.	1	Tournon.	1
Perigueux.	2	Agen.	2
Tiviers.	1	Port Sainte Marie.	1
Villeneuve d'Agenois.	2	Damazan.	1
Issigeac.	1	Marmande.	2
Castelsagrat.	1	La Reolle.	1
Preignac.	1	Sauveterre.	1
La Sauvetat.	1	Saint Andreas.	1
Castres en Gasc.	1	Libourne.	2
Basas.	2	Valence d'Agenois.	1
Casteljaloux.	1	Nontron.	1
Nerac.	1	Lisle.	1
Condom.	2	Miraumont.	1
Sainte Foy.	1	Montastruc.	1
Saint Macaire.	1	Montflanquin.	1

Generalité de Limoges.

	Nombre des Casernes.		Nombre des Casernes,
Dorat.	1	Saint Leonard.	1
Compreignac.	1	Chaslus.	1
Limoges.	3	Angoulesme.	2
Pierrebuffieres.	1	Marton.	1
Uzerches.	1	Esmoutiers.	1
Brives.	2	La Rochebeaucourt.	1
Saint Junien.	1	Tulle.	2
Bourganeuf.	2		

Generalité

Du 25. Septembre 1719
25

Generalité de la Rochelle.

	Nombre des Casernes.		Nombre des Casernes.
Montboyer.	1	Marennes.	1
Charmans.	1	Cognac.	2
Mansles.	1	Petit Nyort.	1
Tonay Charante.	1	Gimosat.	1
Surgéres.	1	Mozay.	1
Saint Jean d'Angely.	2	Chasteauneuf.	1
Xaintes.	2	Cormes Royal.	1

Generalité de Poitiers.

	Nombre des Casernes.		Nombre des Casernes.
Partenay.	1	Sivray.	1
Airvaut.	1	Charoux.	1
Thoüars.	1	Alloué	1
Chey.	1	Confolens.	1
Briou.	1	Chisey.	1
Aunay.	1	Mommorillon.	1
Montesgut.	1	La Rocheposay.	1
Saint Fulgent.	1	L'Isle-jourdain.	1
Reaumur.	1	Lusignan.	1
Secondigney.	1	Saint Maixent.	2
Bressuire.	1	Nyort.	2
Chastellerault.	2	Fontenay le Comte.	2
Poitiers.	3	Chauvigny.	1
Champagné S.t Hilaire.	1	Ayron.	1

Generalité de Tours.

	Nombre des Casernes.		Nombre des Casernes.
Ingrande.	1	Amboise.	2
Angers.	2	Bleré.	1
La Parroisse S.t Mathurin.	1	Mantelan.	1
Saumur.	2	La Haye.	1
La Chapelle blanche.	1	Corney.	1
Langest.	1	Baugey.	1
Tours.	3	La Fleche.	2

	Nombre des Casernes.		Nombre des Casernes.
La Suze.	1	Connaray.	1
La Ferté Besnard.	1	Beaumont Laronce.	1
Vibraye.	1	Chasteau du Loir.	1
Saint Calés.	1	S.t Mars du Tillet.	1
Cormery.	1	Touarcé.	1
Loches.	1	Doué.	1
Mayenne.	1	Montreüil Belay.	1
Laval.	1	Chinon.	1
Chasteau-Gontier.	1	Azay le Rideau.	2
Lyon Dangers.	1	Loudun.	1
Saint Ouyn.	1	Le Lude.	1
Vilaine Lajuhel.	1	Craon.	1
Le Mans.	2	Orbigney.	1
Beaumont le Vicomte.	1		

Generalité de Caën.

	Nombre des Casernes.		Nombre des Casernes.
Caën.	3	Tinchebray.	1
Bayeux.	2	Mortain.	1
Saint Lo.	2	Saint Hilaire.	1
Carantan.	1	Saint James.	1
Valogne.	1	Coutance.	2
Argences.	1	Gauré.	1
Aurechy.	1	Avranches.	1
Condé sur Nereau.	1	Vire.	2

Generalité d'Alençon.

	Nombre des Casernes.		Nombre des Casernes.
Domfront.	1	Rugles.	1
La Ferté Macé.	1	Beaumont le Roger.	1
Alençon.	2	Neubourg.	1
Bellesme.	1	Falaise.	2
Moustiers au Perche	1	Livarot.	1
Chasteauneuf en Thimerais.	1	Orbec.	1
Seés.	1	Bernay.	1
Eschauffour.	1	Lizieux.	2

Du 25. Septembre 1719.

	Nombre des Casernes.		Nombre des Casernes.
Mortagne.	2	Argentan.	2
Tiberville.	1	Verneüil.	1

Generalité de Roüen.

	Nombre des Casernes.		Nombre des Casernes.
Roüen.	3	Bourgtroude.	1
Bourgachart.	1	Cailly.	1
Ponteau-de-Mer.	2	Neuchaſtel.	2
Pont-Leveſque.	1	Blangis.	1
Pont au Toul.	1	Aumalle.	2
Ducler.	1	Ris.	1
Caudebec.	2	Gournay.	1
Bolbec.	1	Chaumont.	1
Evreux.	2	Yvetot.	1
Nonancourt.	1	S.t Victor en Caux.	1
Pont de l'Arche.	1	Dieppe.	1
Lyons en Foreſt.	1	Longueville.	1
Vernon.	2	Boulhard.	1
Giſors.	2	Londiniers.	1
Louviers.	1		

DEVIS

Casernes simples.

DEVIS Provisionel & Estimatif d'un Corps de Bastiment en forme de Grange, pour loger les Troupes du Roy aux Villes & Bourgs de passage, en fournissant tous les Matereaux sur les Lieux, Et en ne payant aux Entrepreneurs que la façon de chaque ouvrage seulement.

Qualité & quantité des Matereaux.	Prix de l'achat des Matereaux.	Prix des façons.	Voyages & Charrettes à 3. Chevaux necessaires aux transports.
400. Toises cubes de pierre en moilon ou de molieres pour composer 1200. toises quarrées de maçonnerie à 2. pieds d'épaisseur, à raison de 2. livres 10. sols la toise pour la façon, lesdites pierres estant tirées par corvées & voiturées de même..		3000. liv.	Voyages. 1600.
100. Toises cubes de même pierre pour faire 300. Toises quarrées de murs d'Enceinte, qu'on fera aux endroits où il sera necessaire, & où le terrein le permettra.			
55. Milliers de Carreaux de terre de 6. pouces pour faire 330. Toises quarrées aux Souspentes à 10. livres le millier pris aux Thuilleries, & 12. sols de la toise pour la façon, cy	550. liv.	198. liv.	20.
40. Muids de Chaux pour la construction de la maçonnerie cy-dessus à 15. livres le muid, pris chez les Chaufourniers, cy	600. liv.		
40. Muids de Plâtre pour les ourdis des planchers & posage de 330. toises de Carreaux à 10. sols la toise pour les ourdis, & de 4. liv. 10. sols pour chaque muid de Plâtre.	180. liv.	165. liv.	40.
	1330. liv.	3363. liv.	1660.

Qualité

Du 25. Septembre 1719.

29

Qualité & quantité des Matereaux.	Prix de l'achat de Matereaux.	Prix des façons.	Voyages de Charrettes.
			Voyages.
Cy-contre.	1330. liv.	3363. liv.	1660.
10. Muids de Plâtre pour le ſcellement des bois & pour l'employer.	45. liv.	30. liv.	10.
Le Sable neceſſaire à la conſtruction dudit Baſtiment, eſtant tiré par corvées & charié de même.			1800.
200. Milliers de Thuiles pour faire 700. Toiſes ou environ de couverture à 10. livres le millier pris ſur les Thuilleries & 12. ſols pour la façon de chaque Toiſe, cy	2000. liv.	370. liv.	100.
350. Bottes de Lattes à 40. livres priſes dans les Foreſts.	140. liv.		3.
700. livres de Cloux à latte à 25. livres le cent, cy	175. liv.		1.
40. Milliers de Brique pour les cheminées à 10. livres le millier pris chez les Thuilliers, cy	400. liv.		40.
Pour l'Employ desdites Briques à 3. livres par millier, cy		120. liv.	
3. Milliers de gros Fer à 12. livres le cent, & 4. livres du cent pour la façon.	360. liv.	120. liv.	3.
Menuiſerie pour les Portes & Chaſſis de Toile.	500. liv.		5.
Serrureries.	150. liv.		2.
1800. Pieces ou environ de Bois de Cheſne, priſes dans les Foreſts à 200. livres le cent de Solives, & 60. livres du cent pour la façon; pour generalement les couvertures & entre-ſoles, cy	3600. liv.	1080. liv.	100.
On poura ſe ſervir de Bois de Sapin aux endroits où il s'en trouvera & où le Bois de Cheſne ſera rare,			
	8700. liv.	5083. liv.	3724.

Quantité & qualité des Matereaux.	Prix de l'achat des Matereaux.	Prix des façons.	Voyages de Charrettes.
			Voyages.
De l'autre part.	8700. liv.	5083. liv.	3724.
200. Pieces de Bois de Chesne pour les Ratcliers & Auges de Chevaux à 200. livres le cent, & 60. livres pour la façon, cy	400. liv.	120. liv.	12.
Dépenses impreveuës & extraordinaires.	500. liv.		
Total.	9600. liv.	5203. liv.	3736.

Recapitulation de la Dépense & des Voitures.

Montant de l'achat des Matereaux. .	9600. liv.	. . . . 14803. liv.
Façons pour employer lesdits Matereaux.	5203. liv.	
Voyages necessaires de Charrettes à trois Chevaux pour faire arriver sur les lieux generalement tous les Matereaux, cy		Voyages. . . . . 3736.

Compris même le Sable qui s'y trouve ordinairement.

DEVIS de Construction pour un Corps de Bastiment en forme de Grange pour servir à loger les Troupes du Roy aux Villes & Bourgs de passage.

PREMIEREMENT.

Sera fait la foüille des terres des fondations, lesquelles auront 2. pieds $\frac{1}{2}$ de large sur des profondeurs solides.

Les terres qui proviendront desdites Escavations seront jettées en dedans du Bastiment pour estre regalées pour former partie de l'aire du Bastiment.

Les murs de faces, refans, ceux des Corps de garde & Bastimens des angles auront 2. pieds $\frac{1}{2}$ dans les fondations où il sera

Du 25. Septembre 1719.

obſervé une retraite de chaque coſté de 3. pouces, leſquels murs monteront de 2. pieds d'épaiſſeur juſques à l'entablement & fêtage.

Toute la maçonnerie ſera faite avec moilons ou pierres de molieres telles qu'elles ſe trouveront ſur les lieux ou le plus à portée; Tout le mortier ſera composé d'un tiers de bonne chaux & deux tiers de ſable de Riviere, Ravine ou de Montagne.

Les Briques qui ſeront employées à la conſtruction des cheminées ſeront ſaines & entieres, & bien cuites, poſées en bonne liaiſon à chaux & à ſable.

La Thuile pour toutes les couvertures ſera de même ſaine & entiere & bien cuite, poſée ſur un Lattis de lattes de cœur de cheſne.

Il ne ſera employé de plâtre que pour le ſcellement des gonds & barres de Fer.

Tous les bois employez à la charpente, auges des Ecuries, Poteaux des Soûpentes & autres pieces neceſſaires audit Baſtiment ſeront de bonne qualité ſans nœuds vicieux ni bois roulé.

Il ſera poſé des Poteaux de ſept ſur neuf pouces de gros, & de onze pieds de haut pour porter les Soûpentes, eſpacez de 9. pieds avec une Sabliere ſur le haut portant les petites Solives du plancher de ladite Soûpente, auſquels Poteaux ſera mis des Chevilles à ſix pieds de haut pour y attacher les Selles & Brides; Obſervant par bas de faire porter leſdits Poteaux dans un dez de Pierre ou de Brique.

Les Ingenieurs du Roy prepoſez pour la conduite deſdits Ouvrages, auront une attention particuliere à la bonne & ſolide conſtruction, & que le tout y ſoit fait ſelon l'art de la Maçonnerie; même conſtruction ſervira pour les Caſernes à Pavillon qui ſont deſtinées à loger les Troupes en quartier d'Hyver; Au ſurplus. S. A. R. eſt perſuadée que la prudence des Ingenieurs ſupléera aux choſes neceſſaires, & à ſe conformer aux Matereaux & Uſages des lieux où ces Baſtimens doivent eſtre conſtruits, ſans cependant qu'on puiſſe faire aucune augmentation ni changement à la conſtruction preſcrite par les Plans & Elevations dreſſées à ce Sujet pour conſerver une égalité à tous les Baſtimens qui ſeront conſtruits dans le Royaume.

Memoire eſtimatif des journées.

30. Limoſins avec 30. Manœuvres doivent faire par jour trente toiſes de maçonnerie de 2. pieds d'épaiſſeur, & en 40. jours les 1200. toiſes quarrées de maçonnerie neceſſaire.

Journées de Limosins 1200. à 20. sols par jour font la somme de, cy	1200. liv.
1200. journées de Manœuvres à 15. sols, cy .	900. liv.
	2100. liv.
Le revenant bon de l'Entrepreneur seroit de 900. livres, mais il faut les crépis de 2800. toises quarrées à Chaux & Sable à 4. sols la toise font . .	560. liv.
	2660. liv.
Revenant bon effectif au moins.	340. liv.
	3000. liv.

Couverture.

6. Couvreurs avec 4. Manœuvres feront 24. toises de Couverture par jour, & dans 29. jours les 700. toises quarrées de Couvertures necessaires.

Journées de Couvreurs 174. à 30. sols, cy . . .	261. liv.
116. Journées de manœuvres à 15. sols, cy . .	87 liv.
	348. liv.
Revenant bon au moins pour l'Entrepreneur.	22. liv.
	370. liv.

Carrelage de Carreaux de terre cuite.

2. Carreleurs avec 2. Manœuvres feront par jour 10. toises quarrées de carrelage, & dans 33. jours les 330. toises quarrées necessaires.

66. Journées de carreleurs à 40. sols par jour. .	132. liv.
66. Journées de Manœuvres à 15. sols, cy . .	49. liv. 10. sols
	181. liv. 10. sols
Revenant bon sur l'estimation cy-devant, cy . .	16. liv. 10. sols
	198. liv.

Charpente.

12. Garçons Charpentiers façonneront en 30. jours les 1800. pieces de bois de charpente necessaire audit Bastiment.

Journées de Charpentiers 360. à raison de 45. sols par jour, cy	810. liv.
Revenant bon sur l'estimation cy-devant.	270. liv.
	1080. liv.

Nota. Que tous les prix des Ouvriers cy-dessus, & leur force à travailler sont conformes aux environs de Paris, Et pendant l'année 1719. où tout est renchery.

www.ingramcontent.com/pod-product-compliance
Lightning Source LLC
LaVergne TN
LVHW050505160826
845677LV00003B/950